NOUVELLE

MÉTHODE DE LECTURE

ET DE PRONONCIATION

SERVANT EN MÊME TEMPS DE

PREMIER LIVRE D'ORTHOGRAPHE

DÉDIÉE

AUX ENFANTS ET A TOUS CEUX QUI NE SAVENT PAS LIRE

PAR

MLLE FLEUR.

INSTITUTRICE

Vite et bien.

NOUVELLE ÉDITION

PARIS

CHEZ L'AUTEUR, RUE DE SAVOIE, 13

LIBRAIRIE SANDOZ ET FISCHBACHER, RUE DE SEINE, 33

RIE BERNARDIN, QUAI DES GRANDS-AUGUSTINS, 31

1874

BUT ET UTILITÉ DE CETTE NOUVELLE MÉTHODE

Depuis plus de douze ans que nous enseignons la lecture à des enfants et à des adultes, nous avons été à même de constater les difficultés que rencontrent, à chaque pas, le maître et l'élève, dans cette étude qui est la clef de toutes les autres. Nous nous sommes donné pour tâche de surmonter ou d'aplanir l'une après l'autre chacune de ces difficultés, l'avenir dira si, comme nous l'espérons, nous avons atteint le but que nous nous étions proposé.

Le plan de cette méthode est entièrement nouveau ; il repose sur une double remarque, que chacun a pu faire comme nous : les difficultés de la lecture viennent toutes ou presque toutes de ce que dans notre langue, 1º le même son s'écrit de plusieurs manières, 2º la même lettre ou la même syllabe a plusieurs prononciations.

La plupart des méthodes de lecture ne s'arrêtent même pas à cela, c'est sans doute ce qui explique une particularité singulière ; l'enfant qui lit très-bien sa méthode, lit fort mal les autres livres, quelque faciles qu'ils soient. Les difficultés n'ont pas été suffisamment étudiées, elles n'ont pas été surmontées, vaincues par l'élève, il a appris à lire par routine, sa mémoire seule a été en jeu ; ce n'était pas assez, il fallait du même coup éveiller en lui l'intelligence et le raisonnement, oui, le raisonnement dont les enfants ne sont pas aussi dépourvus qu'on le croit généralement, ils ont au contraire une logique à eux, une logique implacable qui souvent embarrasse ceux qui sont chargés de les instruire.

Pour faciliter l'étude de la lecture, nous groupons soigneusement tout ce qui se ressemble, soit par l'orthographe, soit par la prononciation, toutes les syllabes même qui ont assez d'analogie pour causer des erreurs fréquentes de la part des élèves. Nous avons ainsi parlé aux yeux en même temps que nous nous adressions à la mémoire et au raisonnement par des règles simples, faciles à saisir, qui se trouvent ordinairement au bas des pages, sous le titre de remarques. Ces remarques s'adressent aux personnes qui enseignent, mais elles doivent être répétées aux enfants pour lesquels elles sont spécialement écrites. Nous avons remarqué que des personnes instruites se trouvent souvent embarrassées, lorsqu'il s'agit de faire usage d'une méthode de lecture, elles ont besoin qu'on leur donne en quelque sorte la clef, combien plus cela est-il vrai des moniteurs; nous avons comblé cette lacune à l'aide des remarques. Nous séparons les syllabes par des traits qui ont l'avantage sur l'ancien procédé de permettre aux élèves de distinguer les mots les uns des autres. Nous soulignons tout ce qui est important ou difficile afin de montrer pour ainsi dire les règles aux enfants, et de les graver davantage dans leur mémoire. Enfin dans les dernières leçons nous nous occupons avec soin de l'étude des liaisons, tout en offrant aux enfants des récits à leur portée.

Chacun sait que l'étude de la lecture et celle de l'orthographe sont intimement unies, nous croyons qu'en les séparant on perd un temps précieux, et qu'on se prive d'un auxiliaire qui n'est pas à dédaigner. Nous sommes d'avis qu'il y aurait un grand profit à apprendre aux élèves dès la première leçon de lecture à former sur l'ardoise ou au tableau noir les lettres, les syllabes et les mots qui la composent; cela ne retarderait pas les progrès de l'enfant, au contraire, il saurait d'autant mieux lire sa page qu'il l'écrirait plus correctement; et en continuant ainsi jusqu'à la fin du livre, non-seulement les élèves pourraient lire dans un livre quelconque en quittant leur méthode, mais encore ils sauraient déjà écrire un grand nombre de mots, et de plus ils auraient pris la bonne habitude de remarquer l'orthographe de ce qu'ils lisent.

Nous ne saurions trop recommander de ne permettre à l'élève de quitter une leçon que lorsqu'elle est parfaitement sue, les progrès réels sont à ce prix.

Et maintenant, va, petit livre, remplir ta mission dans le monde, combats l'ignorance partout où tu la rencontreras, et puisses-tu remporter beaucoup de victoires!

Paris, juillet 1869.

NOUVELLE MÉTHODE
DE LECTURE ET DE PRONONCIATION

1re LEÇON.

Voyelles simples :   *Consonnes simples :*

à a â e i î   l m n

À A Â E I Î   L M N

à a â e i î   *l m n*

À A Â E I Î   *L M N*

Accent grave.   Accent circonflexe,   Apostrophe.

l le lle m me mme n ne nne

la là l'a l'â ma na li mi ni

La la|me, la li|me, le la|na, l'a|mi, la ma|nne, A|nna, Li|na, A|li|ne, Mi|na, A|nne, la mi|ne.

Nina, l'âme, la malle, l'île.

REMARQUES. — 1. Prononcez *à a* bref, comme dans *il a.* Faites bien sentir la différence entre *a* et *â.*

2. *e* sans accent se prononce comme dans *le.*

3. Faites remarquer aux enfants que deux lettres semblables se prononcent comme une seule.

4. Apprenez-leur, dès la première leçon, à distinguer les accents, les voyelles, les consonnes.

5. Nous dirons une fois pour toutes qu'on doit apprendre aux élèves à prononcer les consonnes *le, me, ne, de, be, fe*, etc.

6. Expliquez aux enfants la signification de chaque mot, et faites-la-leur répéter.

2ᵉ LEÇON.

Voyelles simples :   *Consonnes simples :*

a â i o ô u e   **b p d l**

A Â I O Ô U E   **B P D L**

a â i o ô u e   *b p d m*

A Â I O Ô U E   ***B P D M***

b	be	bbe	p	pe	ppe	d	de	dde
ba	bi	bo	bu	pa	pâ	pi	po	pu
da	di	do	dô	du	na	ni	no	nu
ma	mi	mo	mu	le	la	li	lo	lu

Pa|pa, ma bo|nne, u|ne po|mme d'a|pi, de la po|mma|de, la na|ppe, la lu|ne, la mo|de, la pi|pe, l'o|bo|le, u|ne da|me, le ma|la|de, la pi|lu|le, l'i|do|le.

De la panade, une balle, donna, madame, le dôme, le domino, une bobine.

REMARQUES. — 1. *o* bref comme dans *homme*, *ô* (*dôme*).

2. Les enfants apprenant très-vite par cœur, il est bon de leur faire lire les lettres et les syllabes tantôt de droite à gauche, tantôt de bas en haut, etc.

3e LEÇON.

Voyelles simples :   *Consonnes simples :*

a i o u e é è ê   r v z h

AIOUEÉÈÊ   RVZH

a i o u e é è ê   r v z h

AIOUEÉÈÊ   RVZH

ba	bi	bo	bu	be	bé	bè	bê
pa	pi	po	pu	pe	pé	pè	pê
da	di	do	du	de	dé	dè	dê
ra	ri	ro	ru	re	ré	rè	rê
za	zi	zo	zu	ze	zé	zè	zê
na	ni	no	nu	ne	né	nè	nê
ma	mi	mo	mu	me	mé	mè	mê
la	li	lo	lu	le	lé	lè	lê
va	vi	vo	vu	ve	vé	vè	vê
ha	hi	ho	hu	he	hé	hè	hê

La vi|lle, le vi|de, la ra|ve, Zo|lé, Ro|me, Ba|de, le ri|re, la ro|be, le pè|re, la mè|re, le rê|ve, la ri|ve, la ri|de, le zè|le, le zé|ro, a|mè|re.

L'homme habile, humide, la halle, parole, même, dire, lire, rare, rôle, le rhume, le dé.

REMARQUES. — 1. Distinguez avec soin les différentes sortes d'*e* par la prononciation.

2. *h*, au commencement ou dans le corps d'un mot, ne se prononce pas (excepté dans le *ch*, dont il est inutile de parler aux enfants pour le moment).

4ᵉ LEÇON.

Consonnes simples :

t f j g s *t f j g s*
T F J G S *T F J G S*
l m n p d B P D R V b r v z h

Équivalents de i : **I i y ie ies is it its iz id ids.**

t te té tè tê ta ti to tu
f fe fé fè fê fa fi fo fu
ph phe phé phè phê pha phi pho phu
j je ge gé jé ja gea jo geo go
g gue gué gui gu ga gi ji ju

Une ly|re, Hi|ppo|ly|te, de la my|rrhe, Ma|rie,
Pa|ris, Va|lé|rie, une mo|mie, le lit, tu lis, Lé|o|nie,
Ly|die, De|nis, É|mi|lie, É|lie, du riz, tu ris, Ju|lie,
le nid, l'a|ppé|tit, la fa|ri|ne, une fê|te, de l'é|to|ffe,
la pâ|te, du rô|ti, une ju|pe de ga|ze, le ta|pis, le
vi|lla|ge, du ta|pa|ge, la va|gue, la fa|ti|gue, la fi|gue,
le gui|de, le ju|ge, de la go|mme, une ga|mme, la
hu|tte, la lu|tte, la gi|ra|fe, l'a|rê|te, j'a|rrê|te.

*Une natte, la patte, la date, une datte,
le paraphe, Philippe, le phénomène, la bête,
la fidélité, la rage, le phare.*

REMARQUES. — **1.** *j* s'appelle *ji* et se prononce *je*, et *g* s'appelle *gé* et se prononce *gue*.
    2. *d* final ne se prononce que dans **David**, *le Cid*.

5e LEÇON.

Consonnes simples :

s ç c q k   s ç c q k
S Ç C Q K   S Ç C Q K

Équivalents de U : u ue uë ues ut us eu (seul)

eus eut eût hue.

ca co cu qua quo qui que ka ko ku
se sse ce scè sé cé si ssi ssé ci
sè sès ses cès ces sit cit ssis ssit cies
sa ssa ça so sso ço ç su ssu cu

La vue, la rue, le re|çu, le re|fus, l'a|bus, le
ca|ma|ra|de, du ca|fé mo|ka, le cu|ré, le ké|pi, la
ci|té, la qua|li|té, le ki|lo, la quê|te, la go|mme
a|ra|bi|que, le so|cque, la co|lle, une ca|ra|fe, le
ca|ta|rrhe, le ci|ga|re, la ca|ro|tte, une fa|ça|de, le
ca|rro|sse, la sy|lla|be, la sa|lle, sa|me|di, une
ta|sse, la sa|la|de, la ci|guë, la ca|ge, le gage, le
ra|cco|mmo|da|ge, la na|ge, le pa|ra|ly|ti|que, la
Pâ|que, la sû|re|té, une co|lo|nne, la co|lo|nie.

Cela sera, j'eus reçu, une scène de comédie.

Fanny a eu une maladie, tu eus reçu la somme

due, Emile eût dû dire cela à papa.

REMARQUES. — 1. c se prononce *que*, excepté devant l'*i* et
les différentes sortes d'*e*.

2. Prononcez toujours en lisant *q* et *k* comme le *c*, *s* et *ç*,
ce; mais enseignez aux enfants à distinguer les consonnes de
cette leçon en les nommant des deux manières. Dites-leur par
exemple : Il y a deux *ce* : s, ç, le premier s'appelle encore
esse, et le second *cé cédille*. Il y a trois *que* : c, q, k, on les
appelle aussi *cé, qu, kâ.*

6e LEÇON.

Consonnes composées : ch (sh sch) gn ill

ch che ché chè chi cho chu cha

gn gne gné gnè gni gno gnu gna

ill ille illé illè illi illo illu illa

Récapitulation des consonnes simples.

b d j g f t l m n p q c k r s t v (w) z h x

b d j g f t l m n p q c k r s t v (w) z h x

Équivalents de A *et de* Â : a à at ats as (*bref*).

Va à Pa|ris. Tu as lu. So|phie a une i|ma|ge. Le
chat, le rat, la ta|che, tu ga|gne|ras, tu li|ras, cha|
cu|ne, la cha|sse. — â, ha! ah! at, ât (*long*) : las,
la|sse, le pas, je pa|sse, le tas, la ta|sse, bas, ba|sse,
fa, l'a|mas, le mât, la mâ|tu|re, le châ|le, l'â|ge,
Ma|rie se fâ|che, une tâ|che, sa mè|re le gâ|te, de
la pâ|te. — La cha|ri|té, une cha|rrue, le pé|ché,
le ri|che, le sha|ko, la pê|che, une dé|chi|ru|re,
ma ché|rie, la ha|che, la bû|che, une ru|che, la
ma|chi|ne, le si|gne, le cy|gne, j'i|gno|re, une
li|gne, tu as ga|gné, le rè|gne, tu si|gnas.

La famille, une médaille, la paille, la

maille, la taille, une quille, une bataille, la

fille, la faillite, une saillie, tu taillas.

Excepté : la ville, mille.

REMARQUE. — Il y a deux manières de prononcer *ill*, soit
en faisant entendre les deux *ll* — *illie*, soit en les faisant dis-
paraître complétement — *iie*; ces deux prononciations sont
également usitées.

7e LEÇON.

Consonnes composées :

b l bl ble   d r dr dre   p r pr pre
p l pl ple   b r br bre

Équivalents de É : é hé! eh! és ées ée ez er
et *(seul)* ai *(à la fin des mots précédés de* je).

Équivalents de È : è ê *(long)* es ès est et *(à la fin*
d'un mot) ai ais ait aient ets êt aie aies
eai ei ey egs aid aids hais hait haie.

mes   tes   ses ces c'est les des legs dey
mais mets tais tait taie lait laid laids dais

Le ti|ret, la fo|rêt, le ba|llet, le ba|llai, le fo|ret,
le bu|ffet, du du|vet, la rei|ne, une vei|ne, tu es
vai|ne, de la pei|ne, la lai|ne, le chê|ne, la chaî|ne,
l'ha|lei|ne, une a|lê|ne, une haie, la hai|ne, la ba-
lei|ne, le maî|re, le pei|gne, j'ai|me|rai, je fi|ni|rai,
je dî|ne|rai, je ri|rai, — je pa|sse|rais, je prie|rais,
je tâ|che|rais, a|llez chez le co|cher, pre|nez la
plu|me, ve|nez, pri|ez, ai|mez, dî|nez, le nez, le
blé, le sa|ble, la ta|ble, le ca|dre, le plat, le bras,
une pra|li|ne, la pro|pre|té, le pré, bru|ne, la
bre|bis, blê|me, re|pli, blâ|me, du jais.

Le geai, le jet, le thé, la raie, Aimée est née,
la mèche est allumée, Sophie a reçu le legs de
sa marraine, j'ai appelé papa.

Remarques. — 1. *et* seul se prononce comme *é*, dans un
mot il se prononce *è*.

2. *ai* à la fin d'un mot précédé de *je*, se prononce *é*, *ais* se
prononce toujours *è*.

1.

8ᵉ LEÇON.

Consonnes composées :

f l fl fle   t r tr tre   g l gl gle   c l cl cle
f r fr fre   v r vr vre   g r gr gre   c r cr cre

Equivalents de Ô : ô au aux eau eaux aud
ot ôt os ots op aut haut.

De l'eau, c'est chaud, une peau, l'é|pau|le, le
seau, le sot, le sceau, c'est faux, les ba|teaux, la
pau|me, le sau|le, l'au|be, l'au|mô|ne, le to|nneau,
le ri|deau, le ha|meau, ce|la est beau, du veau, des
po|rreaux, nos maux, les mots, vos tra|vaux, au
pô|le, le re|pos, les os, trop tôt, le pa|vot, le pi|vot,
le ma|te|lot, le lot, les sots, les ha|ri|cots, les ca|-
nots, les ca|naux, les fa|gots, le dos, le dé|pôt,
au|ssi|tôt, les gre|lots, l'a|bri|cot, tu es gros, la
sau|ce, une fo|sse o *long* , tu es fau|sse, de la
mau|ve, la fla|mme, le bu|ffle, la flû|te, la flo|tte,
le frè|re, je fra|ppe, le fro|ma|ge, le fro|tta|ge, le
trè|fle, la le|ttre, la pa|trie, tri|pler, la gla|ce, la
grà|ce, la gri|ve, la lè|vre, le li|vre, vi|vre, chè|vre.

*Je travaille, le prêtre, le mètre, le maître,
va mettre le crible à sa place, le cri, le crime,
la trace, la grimace, la plaine, ta plume,
connaître, de la graine, le secret, la griffe,
une grappe, la grammaire, la classe, Claire,
une claque, une claie.*

REMARQUE. — *o* dans le corps d'un mot est presque toujours
bref.

9e LEÇON.

Consonnes composées :

p t pt pte   s sm sm   s p sp spe

p s ps pse   ssb sbe

Voyelles composées : ou on

Équivalents de OU *et de* ON : ou ous out oux oup oue août – on ons ont om ompt omps ond – ou r our ours ourt ourd – on c onc donc. *Excepté :* jonc (c *nul*). – ou g oug ou c ouc.

Vous, nous, tous, tout, beau|coup, le houx, la roue, la boue, l'eau bout, les fous, les jou|joux, les choux, des sous, le moût, la moue, la toux, une tou|pie, une tou|ffe, goû|ter, dé|goû|ter, le goût, la gou|tte, dé|gou|tter, jou|er, la rou|ille, le loup, les coups, les ge|noux, lou|er, le cours, la cour, c'est court, le jour, la tour, les sourds, c'est lourd, toujours. *Excepté :* l'ours (s *se prononce*).

Non, le nom, le pont, le fond, le rond, les joncs, mon compte, son conte, le comte, la leçon, la façon, le plafond, le tombeau, des marrons, tu romps, le joug, le bouc.

Le sbi|re, la spi|ra|le, le psau|me, une spa|tu|le, la pso|ra|le, une psy|ché, une pté|ri|de, le ca|ta|pla|sme, le spa|sme.

REMARQUE. — N'oubliez pas de vous assurer que les enfants comprennent *la plupart* si ce n'est *tous* les mots qu'ils lisent et écrivent.

10ᵉ LEÇON.

Consonnes composées :

s c sc — sc r scr scre

s t st — st r str stre

m n mn mne p n pn pne

Etude de : ni in ui.

Equivalents de UI : ui uie uit uis uits hui.

Equivalents de IN : in ins im yn ym ain ains aim ein eint eins eints eing aint aints ind.

Je fi|le du lin. J'ai faim. C'est la fin. Les bons cou|ssins. Le pin a|rra|ché. Du bon pain. C'est peint à l'hui|le. Le seing. Au sein de ma fa|mi|lle. Le cli|mat sain. Le saint li|vre. Ce bou|quet de thym. Cinq dra|peaux (q *nul*). Une sta|tue. Les daims, les mains, la sim|pli|ci|té, le crin, une sym|pho|nie, le bain, l'im|pie, mon pa|rrain, le frein, le sym|bo|le. Ce n'est pas sta|ble. Le sto|re, une stro|phe, le scri|be, la sco|rie, le scru|pu|le.

Scrutin, mnémonique, instruire, la truite, une truie, la suie, l'étui, le puits, lui, je suis, du buis, la tuile, suivre, le cuivre, la fuite, la nuit, la suite, la plainte, juin, minuit, celui, l'appui, la pluie, le parapluie.

REMARQUE. — *sc* se prononce *ss* devant *e* et *i*.

La scè|ne, la sci|u|re, le sceau, le scé|lé|rat, la scie.

11e LEÇON.

Récapitulation des consonnes composées :

**bl pl pr br dr tr fr fl gr cr gl cl
vr pt ps sp sb sm sc scr st str mn pn**

Equivalents de AN : **an ant ans ants ang angs
am amp amps – em emps en ent ents
anc ean.**

Equivalents de UN : **un uns unt um ums.**

Ma tan|te, le temps, une ten|te, tu as été ten|té, l'é|tang, les rangs, du sang, le chant, un champ, les camps, pen|dant la tem|pê|te le vent sou|fflait, le prin|temps, la cam|pa|gne, ma|man, mon en|fant, tes pa|rents, tu se|ras sou|ffrant, ces gens, un man|chon, le pan|ta|lon, l'em|pi|re, ce|pen|dant, l'em|bû|che, la fen|te, la ram|pe, tu prends, tu fends, je mens, tu vends, je pen|se au pauvre man|chot, je pan|se la plaie, les uns et les autres.

Un emprunt, le défunt, un parfum, lundi, le temple, la vente, un tambourin, l'envie, je tremble, le banc, c'est blanc, Jean.

Alphabet composé de vingt-cinq lettres.

a b c d e f g h i j k l m n o p q r s t u v x y z

REMARQUE. — Faites lire cet alphabet d'après l'ancienne méthode, en nommant les consonnes *bé, cé, dé,* etc.

2.

12e LEÇON.

Étude de ian ien (iin) ia ié iè – in ein –
ien ient iens – an ain – ian iant iants.

Le sien, le mien, le tien, les siens, les miens.
Ma|rie tient ce|la. Je le tiens. Un lien, le bien, je
viens, ce n'est rien, le main|tien, le sou|tien, tu
soutiens. *Excepté* En|ghien (*prononcez* engain).

Le des|sein, un temps se|rein, tu teins de la
lai|ne, la pein|tu|re. — De la vian|de, tu es con|fiant,
tu as ma con|fian|ce, les co|mmu|niants, la men|-
dian|te, pliant, criant.

ien *se prononce* ian *dans* :
La scien|ce, la con|scien|ce, l'o|rient, la pa|
tien|ce, pa|tien|te, pa|tient, im|pa|tien|ce (t, *dans
les quatre derniers mots, se prononce* se).

L'es|saim, le gain, le nain, la crain|te, la plain|te.

ai — ia, ias — ié, ier, iez — iè, iai, iais, iait :
Un pia|no, le dia|dè|me, un dia|mant, le dia|ble,
un fia|cre, le dia|lo|gue, tu plias, tu crias, l'a|ca|cia.
Excepté : miniature (*qu'on prononce* mignature).

Une châ|tai|gne, se |ai|re, fai|re, une pai|re.

Pre|mier, pi|tié, a|mi|tié, so|cié|té, jan|vier, pâ|
ti|ssier, vous vou|liez, vous pre|niez, vous é|cri|viez,
l'a|cier, l'ou|vrier, fé|vrier. — La diè|te, la ta|ba|
tiè|re, la vo|liè|re, la lu|miè|re, le sei|ziè|me, une
pier|re, du lier|re, la priè|re.

Henri sciait une bûche. Tu te fais à lui.

13e LEÇON.

Etude de oi io oin ion oir uè oi (ouè) io (*bref*)
oi oie ois oix oit oid oids ouet oê -
iot ios iots iau iaux (*longs*).

La loi, la foi, le roi, la toi|le, la droi|te, c'est
moi, est-ce toi? le voi|le, la poi|re, le poi|sson, la
voi|tu|re, la boi|sson, l'é|toi|le, la voie, le foie, la
soie, la joie, sa voix, la croix, la poix, le toit, une
fois, les lois, j'ai froid, les droits, un fouet, le
souhait, l'a|louet|te, la moe|lle, le moe|llon.

oi, *dans les mots suivants, se prononce* oua :
Le bois, la noix, une oie, le mois, trois poids,
les pois, la doua|ne, le doua|nier, le poê|le, la
poê|le, le poê|llon.

io *bref.* — Le vio|lon, vio|lent, vio|len|ce, la
fio|le, la pio|che, l'i|dio|te.

iot, iau *longs.* — L'i|diot, le cha|riot, miau|ler,
les i|diots, les cha|riots.

oi-in = oin, oing, oint, oins, oints. — Le foin,
le coin, un coing, le poing, le point, des points,
des soins, des té|moins.

io-on = ion, ions, yon. — Sion, les lions, à
Lyon, des mi|llions, la pen|sion, la re|li|gion, nous
pa|ssions, des lam|pions, l'A|scen|sion.

oi-r = oir, oirs. — Le soir, le bou|doir, les
noirs, voir, pou|voir, s'a|sseoir, a|voir, re|ce|voir,
les de|voirs, sa|voir, vou|loir.

u-è = uè, uet. — *La Suède, le muet, la muette,
le fouet, la luette.*

Récapitulation des voyelles composées :
ou, on, an, in, un.

14e LEÇON.

Equivalents de E : **e es ent.**

î|le îles, i|l il ils, ai|le ailes, el elle elles.

Les î|les, il ai|me, ils ai|ment, il craint, ils crai|gnent, il taille un pa|tron, ils taillent la vi|gne, il chan|te, ils chan|tent, il é|cou|te, ils é|cou|tent, il fra|ppe, ils fra|ppent, il é|crit, ils é|cri|vent, il fend du bois, ils fen|dent du bois, il pen|se à sa mère, ils pen|sent à cela, il man|ge, ils man|gent, il ment, ils men|tent, il pan|se une plaie, ils pan|sent des plaies, il co|mman|de, ils co|mman|dent, il co|mmen|ce à chan|ter, ils co|mmen|cent à chan|ter, ils en|ten|dent du bruit, ils dé|pen|sent beau|coup, ils dé|fen|dent de men|tir, ils re|nai|ssent à la vie, ils fuient le dan|ger, ils ré|pon|dent à nos soins, ils crai|gnent de vous dé|plai|re.

Elle brode, elles jouent, elle devine votre pensée, elles sautent de joie, elle brosse vos robes, elles plaignent les pauvres gens, elle encourage son frère, elles coupent du papier, elle range la bibliothèque, elles se promènent.

REMARQUE. — Les lettres soulignées ne se prononcent pas.

15ᵉ LEÇON.

Etude de ent.

ent *se prononce* ant *ou* e.

ent *se prononce* ant *dans* :

Le mo|ment, le mo|nu|ment, le mou|ve|ment, le
com|men|ce|ment, l'a|li|ment, le bê|le|ment, l'a|
gré|ment, l'a|ba|tte|ment, le châ|ti|ment, le cru|
ci|fie|ment, sou|vent, pru|dent, le vê|te|ment, le
tour|ment, fi|ne|ment, so|tte|ment, pui|ssa|mment,
to|ta|le|ment, vi|ve|ment, vrai|ment, sa|ge|ment,
pro|pre|ment, pau|vre|ment, pro|ba|ble|ment, hau|
te|ment, li|bre|ment, no|ble|ment, etc.

ent *ne se prononce pas dans* :

Ils pen|saient, ils cri|aient, elles dan|saient, elles
rou|gi|ssaient, ils sau|taient, elles dî|naient, elles
des|cen|daient, ils men|taient, elles ve|naient, ils
pre|naient, elles li|raient, ils vien|draient, elles se
plain|draient, ils plan|te|raient, elles cou|draient,
ils ri|raient, etc.

ent *se prononce* e *dans* :

Ja|cques et Jean de|man|dè|rent la pre|miè|re
pla|ce. Ma|thil|de et Clo|til|de s'é|cri|vent de jo|lies
let|tres. Mes a|mis cou|rent a|près moi.

*Les enfants jouent à la balle. Ces petites
filles habillent des poupées. Les élèves écoutent
la leçon.*

l *ne se prononce pas dans les mots suivants* :
Le sourcil, le fusil, le baril, le persil, gentil.

3.

16e LEÇON.

Etude de il *et de* elle el.

Du bon fil, le Nil, des cils, a|vril, le ci|vil, le pro|fil. — Une é|chelle, une pelle, une selle, du sel, la belle ro|be, le bel ha|bit, l'hô|tel, un au|tel, de la fla|nelle, celle, celles, de la fi|celle, une que|relle, j'a|ppelle, il dé|telle, je ra|ppelle, A|bel, Ra|chel, Gui|llau|me Tell, Mi|chel, Sa|muel, une nou|velle, un nou|vel a|mi, la chan|delle, une se|melle, la na|celle, l'hi|ron|delle, quel, quelle, quels, quelles, qu'elle, qu'elles, quel|que|fois, quel|con|que, quel|qu'un, quel|que.

s *entre deux voyelles se prononce* z :

Une frai|se, la ce|ri|se, le rai|sin, la vi|si|te, la ro|se, le va|se, la che|mi|se, la mai|son, mon cou|sin, sa mi|se, une me|su|re, des oi|seaux, le cui|si|nier, le pri|so|nnier, É|li|se, Jo|seph, I|sa|belle, Jé|sus, Jo|sué, l'A|sie, Pi|se.

s, *devant les consonnes* b, d, m, *se prononce encore* z, *ainsi que dans les mots :*

Alsace, balsamine, transiger, presbytère, Asdrubal, presbytériens, presbyte.

REMARQUES. — 1. Nous soulignons les voyelles entre lesquelles se trouvent un s, pour mieux graver la règle dans la mémoire des enfants.

2. Nous soulignerons de même certaines lettres soumises à des règles ou à des exceptions difficiles à retenir, par exemple les s précédées ou suivies d'une consonne et se prononçant néanmoins z.

17ᵉ LEÇON.

Etude de eu.

eu (*long*), œu, eul, eux. — i eu, ieu, ieux, yeux.

Le feu, un peu, il peut, je veux, le creux, les jeux, le vœu, les œufs, des bœufs (f *nul*), le ne|veu, l'a|veu, la meu|le, les che|veux, le jeû|ne, jeu|di, ceux, la queue, deux, il veut, c'est à eux, il pleut. Le mi|lieu, dans tous les lieux, fai|re trois lieues, les cieux, il est vieux, tu es mieux, ils sont pieux, no|tre Dieu, l'a|dieu, le pieu, l'é|pieu, les yeux.

eu (*bref se prononce* e), œu, œ, heu|re, eur, heur, eurre, heurt.

L'œu|vre, neu|ve, veu|ve, heu|reux (eux *long*), mal|heu|reux, seu|le, ma|jeu|re, mi|neu|re, feu|ille, jeu|ne, ga|geu|re, œ|illet, œ|illè|re, la ma|nœu|vre, le bœuf, l'œuf, les veufs, neuf (f *se prononce*).

Ma sœur, mon cœur, le chœur (h *nul*), le bon|-heur, la dou|leur, la cha|leur, le mal|heur, leur pâ|leur, leurs pleurs, les fleurs, la peur.

Du beurre, un leurre, la sueur, la longueur, il meurt.

Récapitulation.

Voyelles composées : *eu ou on an in un.*

Diphthongues : *ia ian ié iè ien ieu oi io oin ion oui ui uè.*

18e LEÇON.

ÉTUDE DES VOYELLES SUIVIES DES CONSONNES.

Etude de er, ir.

è|re, ère, ai|re, air, hè|re, erre, er, ers, ert.

Le fer, la mer, le bel|vé|der, un ver de terre,
c'est a|mer, c'est trop cher, fai|re bo|nne chè|re,
de la chair frai|che, mon|ter en chaire (er *se pro-
nonce* é), le ver|ger, ces en|fants me sont chers,
cher|cher une piè|ce de vers, j'i|rai vers mon pè|re,
l'hi|ver, un ver|set, un verre d'eau, la per|te,
l'É|ter|nel, l'é|ter|ni|té, l'a|mour pa|ter|nel, le dé|-
voue|ment ma|ter|nel, l'her|be, ren|ver|ser, cer|tes,
di|vers, u|ni|vers, un pair de Fran|ce, un cerf, les
nerfs, un clerc (f *et* c *nuls*).

i|re, ire, ir, yr, yre.

Lire, par|tir, é|crire, vê|tir, fuir, cou|rir, fi|nir,
a|ver|tir, choi|sir, moi|sir, ra|vir, en|ri|chir, gué|rir,
nou|rrir, a|pplau|dir, ba|nnir, em|bel|lir, rem|plir,
sen|tir, men|tir, ser|vir, ou|vrir, cou|vrir, sou|te|nir.

*Bâtir, fléchir, gémir, unir, punir, adoucir,
périr, jouir, bondir, revenir, rajeunir, salir,
blanchir, amollir, saisir, rejaillir, mourir.
Ce martyr a souffert le martyre.*

REMARQUE. — *er* se prononce *é* à la fin des mots, excepté
dans : *hiver, fer, mer, cher, ver, amer, belvéder ;* au milieu des
mots il se prononce toujours *ère.*

19ᵉ LEÇON.

Suite : ÉTUDE DES VOYELLES SUIVIES DES CONSONNES.

a|le, ale, al, alle. — Il est sale, la salle, le mal, le che|val, le ca|nal, le cal|me, le cha|cal.

a|ille, aille, ail. — Je tra|vaille, le tra|vail, l'é|mail, la mé|daille, le co|rail, les dé|tails.

ei|lle, eille, eil. — Je so|mmeille, le so|mmeil, le so|leil, l'o|reille, je veille, le ré|veil, l'a|beille.

ielle, iel, ieil, ieille (*faites bien sentir la diffé-rence*). — Le ciel, le fiel, le miel, une vielle, le vieil|lard, le vieil ami, la vieille fille.

euil, euille, ueil, œil. — Le deuil, une feuille, l'œil, le fau|teuil, le cer|cueil. l'or|gueil, l'é|cueil.

eu|le (eu *bref*), eule, eul, euls, eules. — Le seul, la seule, ils sont seuls, le lin|ceul.

u|el, uel, uelle, uels, uelles. — E|mma|nu|el, men|suel, a|nnuel, cru|el, des jour|naux men|suels, des fê|tes a|nnuelles.

ou|ille, ouille, ouil. — Elle se mouille, il fouille, le fe|nouil, des nouilles, les dé|pouilles.

o|le, ole, ol, olle, aul. — Je vole, le vol, mol, molle, fol, folle, de la colle, un col, le sol, Paul ou Saul, le sol|dat.

u|le, ule, ulle, ul, uls. — La fé|rule, le tulle, cul|bu|ter, nul, nuls, nulle, la mul|ti|tu|de, mul|ti|pli|er, cul|ti|ver.

REMARQUE. — *euil* et *ueil* ont la même prononciation; on emploie le second après *g* et *c*.

20e LEÇON.

Suite : ÉTUDE DES VOYELLES SUIVIES DES CONSONNES.

ab, eb (*prononcez* èb), ib, ob (o *bref*), ub. — Ab|sa|lon, ab|sen|ce, l'ab|sin|the, Mo|ab, Ca|leb, O|reb, ob|te|nir, sub|ti|li|té.

ad, ed (èd), id, od, ud. — Gad, sud, le Cid, Da|vid, O|bed. *Excepté* : le nid, les nids (d *nul*).

af, aphe, ef (èf), if, of, ophe, uf, ouf, auf, oif.— Af|fli|ger, chef, gri|ef, dans la nef, le shé|rif, l'of|fre, l'of|fran|de, il est sain et sauf, le tuf, la soif, l'aph|the, l'oph|thal|mie, le mo|tif, il est vif, un oi|sif. *Excepté* : la clef, le chef-d'œu|vre (f *nul*, *le premier* e *fermé, le second ouvert*).

ap, ep (èp), ip, op, up. — Gap, le cap, ju|lep, la rup|tu|re, le dip|tè|re, l'op|ti|cien, sep|tem|bre, sep|ten|tri|on. *Excepté* : le drap, le si|rop, le ga|lop, trop (p *nul*), le cep de vigne (cêt).

ag, eg (èg), ig, og, aug, ug, oug. — Le fleg|me, le zig-|-zag, le dog|me, aug|men|ter, frag|ment, l'é|nig|me, le joug.

ac, ec (èc), ic, oc, oq, uc, ouc. — Le lac, le sac, le ha|mac, le bec, la bec|quée, le tic, le pu|blic, le roc, le soc, le coq, le suc, le duc, le bouc. — *Excepté* : le broc, l'a|ccroc, le ta|bac, le ca|out|-chouc (c *ne se prononce pas,* t *se prononce*).

REMARQUES. — 1. Le *g* conserve le son de *gue* dans *ag*, *eg*, etc., c'est-à-dire quand la voyelle le précède.

2. *e* suivi d'une consonne est un *è* ouvert.

21e LEÇON.

Suite : ÉTUDE DES VOYELLES SUIVIES DES CONSONNES.

a|re, are, ar, art, ard, har, ars, arts, ards. —
L'are est une me|su|re, la pein|tu|re est un art, du
lard, l'ar|mée, le char, les ca|nards, il est tard,
des é|pi|nards, le mar|teau, la har|pe, l'har|mo|nie,
par|tir, car.

o|re, ore, or, ort, ord. — Hors, de l'or, le fort,
le tort, le mors, il mord, elle tord, le cor de
cha|sse, notre corps (ps *nuls*), de|hors, a|lors, le
sort, d'a|bord, le nord, le ma|jor, une cor|de, des
a|ccords har|mo|nieux, Vic|tor, A|zor, le porc (c *nul*).

s *se prononce dans* : lors|que, lors|qu'il, lors-
qu'elle, lors|qu'ils.

a|sse, asse, as, es (ès), is, os, us. — L'as (à),
l'as|tre, as|pi|rer, l'as|per|ge, l'as|siet|te, l'es|ca|lier,
le des|sert, l'es|saim, l'es|prit, l'es|poir, l'es|ti|me,
l'es|pé|ran|ce, la pa|resse, la ten|dresse, l'â|nesse,
la sé|che|resse, la ba|tis|te, une lis|te, tu ris|ques
beau|coup, l'hos|pi|ce, le pos|te, le pos|tillon, l'os,
des os (des ô), la jus|ti|ce, le hus|sard, jus|que-là,
plus que toi, rus|ti|que, des bis|cuits, Es|ther.

a|te, atte, at, u|te, ute, utte, ut, uth, ilh, ot,
oth. — Atlas, Océan Atlantique, l'atmosphère,
l'athlète, la chute, la lutte, en butte, le but,
l'ut, Ruth, le luth, chut, Judith, la dot, Goth.

22e LEÇON.

Etude de ette *et* et *de l'*y.

et|te, ette, et. — La re|cette, la ca|ssette, une so|nnette, l'o|me|lette, la pa|lette, la noi|sette, les pin|cettes, les four|chettes, la cla|ri|nette, cette da|me, cet ho|mme, c'est net, ils sont sept (p *nul*), il jette, tu re|jettes, des lu|nettes, une cha|rrette.

*L'*y, *après une voyelle, vaut deux* i :

Pays (pai|i), pay|sa|nne (pai|i|sa|nne), ro|yau|me (roi|iau|me), jo|yau, cra|yon, a|lo|yau, mo|yen, no|yau, tu|yau, a|bba|ye, que nous a|yons, que vous a|yez, que nous so|yons, que vous so|yez. Vous em|plo|yez, vous a|ppu|yez, nous dé|bla|yons, nous es|su|yons, vous pa|yez, vous ef|fra|yez, nous ba|lla|yons, nous bé|ga|yons, vous ra|yez, nous bro|yons, vous en|vo|yez.

yi *se prononce plus fortement et en séparant bien les deux syllabes* :

Nous noy|ions (noi|i|ions), nous net|toy|ions, vous pay|iez, vous en|nuy|iez, vous fray|iez, vous noy|iez, nous tu|toy|ions, vous a|ppuy|iez, nous é|tay|ions, vous es|suy|iez, vous ray|iez.

Exception. Dans les mots suivants, y, *quoique précédé d'une voyelle, ne vaut qu'un* i :

Ba|yard, Ba|yo|nne, Ma|yen|ce, La|fa|yette, Bis|ca|ye, ci|pa|ye, ba|ya|dère, Bla|ye.

23ᵉ LEÇON.

Etude du tréma *et de* h.

REMARQUE. — Le *tréma* indique qu'on ne doit pas prononcer la lettre qu'il surmonte avec celle qui précède ; *h* placé entre deux voyelles produit le même effet.

La na|ï|ve|té de l'en|fan|ce, il est na|ïf, elle est na|ïve, ha|ïr le pé|ché, le pieux Mo|ïse, sois hé|ro|ïque, la ci|gu|ë, une poin|te ai|gu|ë, la cham|bre con|ti|gu|ë, No|ël, le Si|na|ï, Ca|ïn, mon a|ïeul, É|sa|ü, Sa|ül, É|sa|ïe, I|sa|ï, le ma|ïs, les pa|ïens, nos a|ïeux, — tra|hir, la tra|hi|son, la co|hue, le ba|hut, mon ca|hier, a|ppré|hen|der, a|ppré|hen|sion, une ré|pré|hen|sion.

Remarquez bien que la lettre surmontée d'un *tréma* se prononce tantôt seule, tantôt avec la consonne qui suit. Dans *guë* elle ne se prononce pas du tout, elle prolonge seulement le son de *u*.

h *muet* : L'ho|mme, l'hu|ma|ni|té, l'hé|ro|ïs|me, l'hé|ro|ï|ne, l'huî|tre, l'heu|re, l'hé|ri|ta|ge, l'hy|po|cri|te, l'hé|lio|tro|pe, l'hui|le, l'hi|ver, l'hu|mi|di|té, des hui|ssiers.

h *aspiré : Le héros, les haricots, le hanneton, la honte, le homard, la haie, la hauteur, le houblon, le hameau, le hasard, le hussard, la hallebarde.*

24e LEÇON.

Etude de x.

x (cs). — L'axe, la taxe, la Saxe, la syntaxe, Max, la rixe, le luxe, il boxe, elle fixe, je me vexe, extrême, l'excès, mixte, Sixte, maxime, Ajax, silex, prétexte, Félix, lynx, sexe, texte, borax, Alexis (s nul), le sphinx, exposer, le thorax, le pharynx, le larynx, expiatoire, Auxerrois, Bruxellois, Auxonnois.

x (gz). — Exiler, exil, Exode, examiner, exemple, exercice, exactitude, exact, exacteur, exécrable, exagérer, exalter, examinateur, hexagone, exaucer, exaspérer, exhumer, exhausser, exhorter, exhiber, exergue.

ex (ec). — Excepter, excès, excessif, excessivement.

x (z). — Dixième, deuxième, dixièmement, deuxièmement.

x (ce). — Six, dix.

x (ss). — Soixante, soixantaine, Auxerre, Bruxelles, Auxonne.

x est nul à la fin des mots :

Les vieux, les dieux, les vieux, les yeux, le mieux, il est pieux, la paix, les cheveux, etc.

25ᵉ LEÇON.

tion *se prononce* sion. — Intention, portion, fraction, interruption, irruption, éruption, mention, subvention, diction, attention, potion, admiration, punition, abolition, in|scrip|tion, modération, opération, bénédiction, éducation, affliction, munition, application, action, réputation, addition, multiplication, fortification, transition, transaction (s = z). *Excepté* : bastion, digestion, question, suggestion, combustion, indigestion (tion).

tial *se prononce* sial, *et* tiel *se prononce* ciel. — Martial, partial, partiel, partiellement, essentiel, essentiellement, nuptial.

t *a encore le son de* s *devant l'*i *dans* : Gentiane, patience, minutie, inertie, aristocratie, démocratie, suprématie, théocratie, impatient, impatience, patienter, pétiole. *Excepté* : épizootie, sacristie, sympathie, etc. (thie = tie).

e *prend le son de* a *dans* : Femme, prudemment, solennel, hennir, hennissement, rouennerie, éloquemment, patiemment, récemment, différemment, etc.

Les ll *ne sont pas mouillés dans* : Oscillation, vacillation, distillation, scintillation, tranquille.

REMARQUE. — *e* devant *mm* a souvent le son de *a*.

26e LEÇON.

e *suivi d'une double lettre autre que* m *est toujours ouvert*. — Il appelle, tu excelles, ils se querellent, je vous interpelle, tu te rebelles, il selle son cheval, ils scellent des paquets, desceller, resceller, ils apprennent, ils comprennent, elles prennent, elles viennent, ils tiennent, les miennes, les tiennes, les siennes, ils obtiennent, que je convienne, que tu soutiennes.

Le c *et le* t *se font toujours entendre dans* : Abject, aspect, circonspect, correct, direct, infect, respect, suspect, district, strict.

en *a le son de* in *dans les mots suivants* : Mentor, Vendéen, Européen, examen, rhododendron, appendice, pensum (um=om), manichéen (ch=k), Chaldéen, Chananéen, Bengale, Benjamin.

en *se prononce* ène *dans* : Éden, Aden, hymen, lichen (ch = k), spécimen, pollen, Amen.

em *se prononce* ème *dans* : Sem, Bethléhem, Jérusalem.

um *se prononce* om *dans* : Maximum, minimum, forum, factum, rhum.

27e LEÇON.

am *se prononce* ame *dans* : Abraham, Cam, Priam, amnistie, Ammon.

im, ym *se prononcent* ime *dans* : Immaculé, hymne, immense, immortalité, immortel, immensité.

in *a le son de* ine *dans* : Innombrable, inaccessible, inactif, inébranlable, inné, inévitable, innocent, innocence, innocemment.

s *entre deux voyelles se prononce* z, *excepté dans* : Un entresol, un parasol, le tournesol, vraisemblable, le havresac, le monosyllabe, le polysyllabe, resemeler, préséance, resonner, resaluer, désuétude, vraisemblablement.

Exercices sur ç *et* ge. — La leçon, le garçon, le maçon, la façon, le glaçon, l'hameçon, le tronçon, un poinçon, l'arçon, le charançon, le caparaçon, nous lançons, nous menaçons. — Le pigeon, le plongeon, nous nageons, nous mangeons, nous ménageons, voyageant, plongeant, partageant, abrégeant, protégeant, changeant, obligeant.

c *se prononce* g *dans* : Second, zinc.

g *est nul dans* : Faubourg, signet.

28ᵉ LEÇON.

REMARQUE. — *Dans* âtes, âmes, ât, à *est bref dans les mots précédés de* nous, vous, qu'il.

Nous aimâmes, vous avançâtes, nous berçâmes, qu'il balançât, nous achevâmes, vous amenâtes, qu'il élevât, nous modérâmes, vous insérâtes, qu'il prospérât, nous amoncelâmes, vous appelâtes, qu'il attelât, nous gelâmes, vous nivelâtes, qu'il achetât, qu'il jetât.

œ *se prononce* é : Œdipe, œsophage, œdème, œcuménique, homœopathie, homœopathe.

ea ae aë = a : Jean, Caen, madame de Staël.

ao = a *dans* : Laon, le faon, le paon.

oa ao = o *dans* : Taon, toast, Saône, août, aoriste.

ai = e *dans* : Je faisais, tu faisais, il faisait, nous faisions, faisant, bienfaisant, satisfaisant.

qua = koua *dans* : Équateur, équatorial, quadrupède, square, aquarelle, quadrumane, in-quarto.

que = ku|è *dans* : Questure, équestre.

qui = ku|i *dans* : Équilatéral, équitation.

qui = ki *dans* : Quiétude.

gua = goua *dans* : La Guadeloupe, Guatémala, Guadiana, Guadalquivir.

w = v *dans* : Weber (ère), Weser, Wagram (ame), Worms, wagon, Wurtemberg, Westphalie, etc.

w = ou *dans* : Whist, Westminster (ère), Windsor, Wellington (one), Washington (ton).

29ᵉ LEÇON.

ch = k *dans* : Lichen (en ène), Zurich, Chanaan, archonte, orchestre, archiépiscopal, écho, anachorète, Christ, Christophe, Christian, chrétien, chrétienne, christianisme, Jéricho, chlore, chromatique, chœur, patriarchal, Ézéchiel, Ezéchias, Pulchérie, chronologie, chaos, antechrist (té), archange, chrysalide, catéchumène, choléra, loch, technique, polytechnique, fuchsia, drachme ou dragme, isochrone, chronique, choriste, chlorate, Chersonèse, chorus, ichneumon, chroniqueur, Michel-Ange, Machiavel, archéologie.

ch = ch *dans* : Archevêque, archidiacre, archipel, archiprêtre, manichéen (in), pachyderme, machiavélisme, Michel, patriarche, Achéron, machiavélique.

ch *nul dans* : Almanach.

m *nul dans* : Automne, condamner, se damner, damnation.

i *nul dans* : Oignon, encoignure, douairière, Cavaignac, poignard, poignet.

u *nul dans* : Guyane, Guyenne, en guise, anguille (*prononcez* gui *comme dans* guide, guitare).

u *se prononce dans* : L'aiguille, l'aiguillon, aiguiser.

th *nul dans* : L'isthme, l'asthme.

30e LEÇON.

p *nul dans* : Sept, septième, sculpteur, baptême, Jean-Baptiste, un compte, promptement, indomptable.

p *se prononce dans* : Rédemption, Rédempteur, septembre, septante, septuagénaire, septentrion.

s *se prononce toujours devant une consonne, particulièrement devant* t : Instrument, instant, inspiration, instinct (c *nul*), instamment, instance, Constance, Constantinople, constamment, l'inspecteur, l'inspiration, l'inspection.

s *se prononce à la fin des mots suivants* : Arras, Cérès, Calvados, Bacchus, Reims, gratis, un lis, le maïs, albinos, la vis, le volubilis, l'oasis, l'orchis (ch = k), le cassis, le vasistas, chorus, hiatus, le métis, le blocus, le prospectus, en sus, le typhus, l'omnibus, bis (biz), le rébus, l'aloës, l'ibis, le pathos, le cactus, jadis, le mérinos, le rhinocéros, l'est, l'ouest (*le* t *se prononce aussi*).

t *se prononce encore dans* : Huit, la dot, chut ! Ruth, luth, Goth.

c *se prononce dans* : Marc, un arc et des flèches, l'arc-en-ciel, Jeanne d'Arc, le parc, le porc-épic.

31ᵉ LEÇON.

EXERCICES DE LECTURE.

Etude des liaisons.

RÈGLES : **1.** Lorsqu'un mot finit par une consonne, il se lie au mot suivant si celui-ci commence par une voyelle ou un *h* muet; c'est-à-dire qu'on prononce la dernière consonne du mot qui précède avec la première syllabe de celui qui suit.

2. Toutes les fois qu'une liaison blesse l'oreille on ne la fait pas.

3. Dans les liaisons, *s* et *x* prennent ordinairement le son de *z*, et *d* celui de *t*. Exemple : *Mes amis, je veux être un grand homme.*

4. En se liant *f* se prononce *v*. Exemple : *neuf ans.* Suivi d'une consonne, souvent il devient nul : *neuf cents, le bœuf gras.*

5. L'*e* muet s'élide à la fin d'un mot et n'empêche pas la liaison. Exemple : *croître et mûrir, mille ans, une étoile.*

6. Le *t* de *et* ne se lie jamais.

REMARQUE. — Nous soulignons chaque fois qu'il faut faire la liaison.

LE MORCEAU DE PAIN.

Aimez-vous le pain, mes enfants? — Pas beaucoup, s'écrie un petit gourmand; je préfère les bonbons et les gâteaux d'abord, les fruits et la viande ensuite; mais le pain, j'en mange le moins possible. — Voilà un petit garçon qui dit franchement ce qu'il pense; beaucoup d'autres, qui ne le disent pas, pensent comme lui et font la grimace quand on leur recommande de manger le pain qu'ils oublieraient volontiers à côté de leur assiette. J'ai même vu des enfants jeter leur pain, ce pain que leurs parents avaient péniblement gagné à la sueur de leur front. Je vous avoue qu'alors j'ai eu grande envie de me mettre en colère, et de les condamner à ne plus manger de pain, jusqu'à ce qu'ils sussent combien chacun des morceaux que nous mangeons coûte de peine et de travail; voilà pourquoi je veux vous raconter l'histoire d'un morceau de pain.

Je vous dirai d'abord que le pain est une excellente nourriture qui convient très-bien à notre estomac et à notre santé, quoiqu'il ne fasse pas tout à fait l'affaire des petits gourmands. Ils s'en convaincraient bientôt si, pendant quelques jours, on leur permettait de ne se nourrir que de friandises; leur estomac se révolterait, et leur crierait bien fort de prendre garde, s'ils veulent conserver leurs joues roses et leurs forces.

Vous savez tous (1) que le pain se fait avec de la farine, de l'eau et un peu de sel, auxquels on ajoute un petit morceau de levain ou pâte aigrie, qui le rend plus léger et produit ces trous que vous voyez dans la mie. Ce sont les boulangers qui font le pain, et dans nos grandes villes ils travaillent toute la nuit, afin que le matin, à votre réveil, vous ayez du pain frais et tendre, que vous préférez à tout autre, n'est-ce pas?

Mais la farine ne s'est pas faite toute seule. C'est le meunier qui a réduit le grain en poudre, et ce grain avait dû être d'abord soigneusement battu, afin de le débarrasser de la paille qui l'enveloppait.

Auparavant, des moissonneurs s'étaient levés dès l'aube, pendant que vous dormiez encore dans vos petits lits blancs; ils avaient travaillé longtemps, péniblement, pour couper les épis avec leurs faucilles, les lier en gerbes, et les entasser sur des charrettes qui prenaient ensuite le chemin de la grange. Et savez-

(1) Prononcez s.

vous pourquoi ces moissonneurs pouvaient recueillir de si riches moissons, c'est qu'en automne le laboureur avait remué son champ avec soin, il en avait ôté toutes les pierres, toutes les mauvaises herbes, au prix de mille fatigues ; plus tard, on l'avait vu semer à pleine main, dans ses sillons bien préparés, le grain qui devait multiplier au centuple. Mais ce n'est pas tout encore, il avait fallu que Dieu veillât sur ce grain déposé dans la terre, qu'il envoyât, en leur temps, les pluies du ciel, et la neige et le froid, puis le soleil, tous nécessaires pour que le blé pût germer, croître et mûrir.

Je ne vous parle pas de tous les ennemis qui menacent les récoltes, depuis la grêle jusqu'aux plus petits insectes ; et de toute la vigilance qu'il faut au cultivateur pour que vous ayez toujours suffisamment de ce pain que dans votre folie vous méprisez quelquefois. Je pourrais vous dire beaucoup d'autres choses encore à ce sujet, par exemple que le pain de notre pays est bien supérieur à d'autres pains grossiers qu'on fabrique dans différentes contrées de l'Europe, et à côté desquels le vôtre vous paraîtrait comme du gâteau. Mais vous en savez assez à présent pour comprendre à combien de personnes, sans compter Dieu et vos parents, vous devez chacune des bouchées du pain qui vous nourrit, et vous sentez sans doute que vous seriez ingrats et coupables, en le gaspillant ou en le mangeant sans reconnaissance. Au lieu de vous plaindre d'être obligés de manger du pain, pensez à ceux qui en manquent, et apprenez à partager avec eux le morceau de pain que le bon Dieu vous donne.

32e LEÇON.
Suite de l'étude des liaisons.

NOËL.

Qu'est-ce que Noël, mes petits amis? — C'est le plus beau jour de l'année, me répondent un grand nombre de voix enfantines. — Vraiment, eh! pourquoi? — Parce que c'est le jour des bonbons et des joujoux, des sabots retirés de la cheminée avec quelque surprise, de l'arbre aux mille bougies et aux noix dorées; c'est le jour des cadeaux et du bonheur enfin! — Oui, mes enfants, Noël est tout cela, mais il est plus encore, et vous serez certainement de mon avis quand je vous aurai raconté l'histoire du premier Noël.

Il y a bientôt dix-neuf cents ans, deux voyageurs, un homme et une femme, pauvres et fatigués, traversaient une petite ville de la Judée, nommée Bethléhem, la ville du pieux et grand roi David. Joseph et Marie (les deux voyageurs) allèrent demander l'hospitalité à l'unique hôtellerie, mais il n'y avait pas de place pour eux dans la maison, ils durent se contenter d'une humble étable. Ce fut là que naquit un petit enfant qui reçut le nom de Jésus; on l'emmaillota, et, comme aucun berceau n'avait été préparé pour lui, on le coucha dans une crèche qui recevait habituellement la nourriture des animaux. Mais, tandis que dans l'hôtellerie personne ne se souciait de la naissance de ce petit enfant, les anges s'en réjouissaient dans le ciel et chantaient dans les plaines de la Judée : Paix sur la terre, bonne volonté envers les hommes. Puis ils annonçaient aux bergers, qui gardaient leurs troupeaux durant les veilles de la nuit, que l'enfant qui venait de naître était le Sauveur du monde, le Fils de Dieu venu du ciel pour accomplir toutes les promesses faites à la terre pendant quatre mille ans. Vers le même temps, une étoile mystérieuse révélait aux mages d'Orient la naissance de l'enfant Jésus, et les guidait jusqu'à la crèche de Bethléhem.

Jésus a tenu tout ce que les anges promirent aux bergers, tout ce que les prophètes avaient prédit de la part de Dieu : il a sauvé le monde en mourant sur une croix, et c'est pour cela, mes amis, que son jour de naissance est devenu, pour les enfants et les grandes personnes, un jour de paix et de joie.

Paris. Typ. de Ch. Meyrueis, 13, rue Cujas.

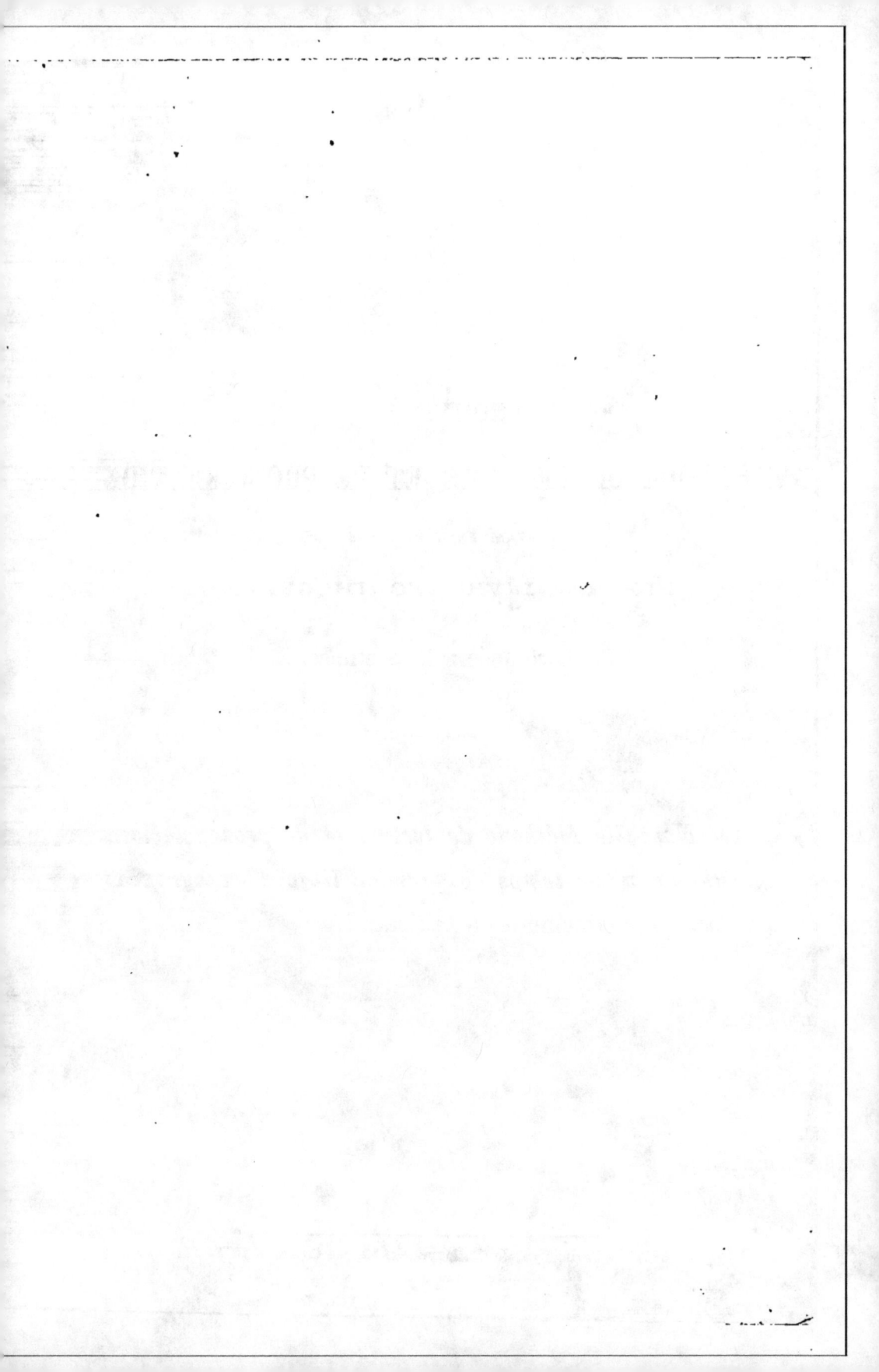

NOUVELLE
MÉTHODE DE LECTURE ET DE PRONONCIATION

SERVANT EN MÊME TEMPS DE

PREMIER LIVRE D'ORTHOGRAPHE

Cartonnée : 35 centimes.

La *Nouvelle Méthode de lecture et de prononciation* servant en même temps de premier livre d'orthographe, paraîtra prochainement en tableaux.

6293. — Paris. Typ. de Ch. Meyrueis, 13, rue Cujas. — 1873.